# SCHÖNEBERG

# SCHÖNEBERG
## Ein Bezirk von Berlin

Fotografiert von Hans-Jürgen Raabe
Text von Georg Holmsten

Nicolaische Verlagsbuchhandlung Berlin

Redaktion: Richard Schneider

Umschlagbild: Fassade des ehemaligen Kammergerichts im Kleistpark
Bildkommentare: Seite 85 ff.
Historische Abbildungen: Landesbildstelle Berlin, Bezirksamt Schöneberg

Satz: Typologika Fotosatz GmbH, Berlin
Offsetlithos: O. R. T. Kirchner & Graser GmbH, Berlin
Druck: Passavia GmbH, Passau
Einband: Lüderitz & Bauer GmbH, Berlin
Printed in Germany
ISBN 3-87584-137-9

Die Schöneberger Stadtverordneten, die wenige Tage nach Ausbruch des Ersten Weltkrieges, am 10. August 1914, die erste Sitzung in ihrem neuen Rathaus abhielten, ahnten nicht, daß sich in diesem Gebäude und auf dem Platz davor wenige Jahrzehnte später Ereignisse abspielen würden, die nicht nur die Schöneberger angingen.

Die Bürger und Kommunalpolitiker des 1898 zur Stadt aufgestiegenen Dorfes der „Millionenbauern" hatten eigentlich nur ein repräsentatives Verwaltungsgebäude errichten wollen und dafür die ansehnliche Summe von über 8 Millionen Goldmark aufgewendet. So entstand ein stattlicher Bau mit 370 Zimmern und mehreren Sitzungssälen, der sich nach der Spaltung Berlins im Jahre 1948 von allen Rathäusern West-Berlins am besten zum zentralen Verwaltungsgebäude der Stadt eignete. Das Schöneberger Rathaus und seine Umgebung wurden damit zu einem Schauplatz politischer Manifestationen, die in der deutschen und internationalen Öffentlichkeit Widerhall fanden.

Älteste Ansicht von Schöneberg
Kupferstich von J. F. Hennig, um 1790

Deutschen und ausländischen Besuchern Berlins ist Schöneberg somit zu einem wohlbekannten Teil der Stadt geworden, und Einheimische werden zuweilen gefragt, wo denn der schöne Berg zu finden sei, dem der Bezirk anscheinend seinen Namen verdankt. Besuchern aus gebirgigen Landschaften muß man dann erst einmal klarmachen, daß in der Mark Brandenburg schon eine Bodenerhebung als Berg gilt, die man in Süddeutschland höchstens als Hügel bezeichnen würde. Ein solches Hügelgelände gab es in Schöneberg noch im vorigen Jahrhundert in der Gegend der heutigen Monumentenstraße unweit vom Kreuzberg. Da dort damals noch keine mehrstöckigen Häuser standen, konnte man von den „Bergen" am Rande des Dorfes über die Spreeniederung bis zu den Häusern und Türmen der Hauptstadt Berlin blicken. Daß es „bergauf" geht, spüren auch heute noch Fußgänger und Radfahrer deutlich, wenn sie etwa über die Langenscheidtstraße und Stadtbahnbrücke hinweg zur Monumentenstraße wollen. Man kann daher mit Fug und Recht annehmen, daß die dörfliche Siedlung im Süden Berlins im Mittelalter nach dem „schönen Berg" an ihrem Nordostrand benannt wurde.

Über die ferne geologische Vergangenheit erklärt der Geographieprofessor Helmut Winz, der mit dem Buch „Es war in Schöneberg" zur 700-Jahrfeier des Bezirks 1964 die gründlichste Heimatgeschichte verfaßte: „Die Lage des ‚schönen Berges' entstand aus der Grenzsituation zwischen zwei Hauptlandschaften der näheren Umgebung Berlins, dem im allgemeinen hochgelegenen Plateau des Teltows und dem ‚Berliner Haupttal'. Beide Landschaften verdanken ihre Entstehung und wichtigste Formung der Eiszeit, die in der zweitjüngsten Periode unserer Erdgeschichte, dem Pleistozän, von 600 000 bis 16 000 v. Chr. dauerte. In dieser Zeit drangen mehrfach gewaltige Eismassen aus den nordeuropäischen Gebieten über die Ostsee bis an den Rand der deutschen Mittelgebirge vor. Eiszeiten wechselten mit Zwischeneiszeiten, und während in den Eiszeiten die Temperatur des wärmsten Sommermonats bei uns unter 10 Grad lag und die Temperatur des kältesten Monats unter minus 15 Grad, herrschten in den Zwischeneiszeiten zum Teil wärmere Temperaturen als heute. Gewaltige Inlandgletscher von mehreren hundert Metern Dicke begruben die gesamte Landschaft unter sich. Am Boden dieser Gletscher wurde das vom Norden Europas mitgeführte Material abgelagert, und diese Ablagerung bezeichnet man als Moräne. Der ganze Südteil unseres Bezirks ist durch solche Moränenablagerungen der eiszeitlichen Gletscher bestimmt."

Nach dem Abschmelzen der letzten eiszeitlichen Gletscher um 10 000 v. Ch. dauerte es noch mehrere Jahrtausende, ehe sich Menschen in dem unwirtlichen, von Sumpf und Urwald bedeckten Gelände an Spree und Havel niederließen. Die ersten Spuren menschlicher Ansiedlung im Bezirk Schöneberg stammen aus der jüngeren Steinzeit, die vor etwa 4000 Jahren zu Ende ging. Eine an der Belziger Straße gefundene Steinkeule und andere Geräte sind von bäuerlichen Siedlern

Stadtverordneten-Sitzungssaal im Rathaus
Aufnahme 1915

Rudolph-Wilde-Platz mit Rathaus
Aufnahme 1925

benutzt worden, die sich dort zumindest vorübergehend aufgehalten haben. Aus der darauffolgenden Bronzezeit, von der im Gebiet um Berlin besonders zahlreiche Funde von Siedlungen zeugen, wurde im Schöneberger Raum auf dem Terrain des ehemaligen Mühlenbergs nördlich vom Rathaus ein Friedhof mit über 20 Gräbern entdeckt. Die Bestatteten, die vermutlich zu den illyrischen Völkerschaften des Lausitzer Kulturkreises gehörten, wohnten – wie ausgegrabene Häuserreste bekunden – in einer kleinen Siedlung nahe dem heutigen Standort der Apostel-Paulus-Kirche.

Ein Jahrtausend und mehr mag vergangen sein, ehe wiederum ein Dorf im Schöneberger Gebiet entstand. Es befand sich etwa auf dem Gelände des heutigen Grundstücks Hauptstraße 40, wo sich seit 1964 der schmucke Neubau der Hauptstelle der Schöneberger Stadtbücherei (Theodor-Heuss-Bücherei) erhebt. Die Siedlung, deren Überreste bei einer 1957/58 vom Museum für Vor- und Frühgeschichte durchgeführten Grabung freigelegt wurden, war vom 1. bis 3. Jahrhundert n. Chr. von Semnonen bewohnt, dem Hauptstamm der elbgermanischen Völkergruppe der Sueben, die in der römischen Kaiserzeit auch an vielen anderen Plätzen der Mark ansässig waren. Aus den Funden an der Hauptstraße geht hervor, daß bei den Semnonen Ackerbau und Viehzucht eine viel größere Rolle spielten als die Jagd, von der sich die frühesten Bewohner der Mark vorwiegend ernährt hatten. Wichtigste Haustiere der germanischen Urbewohner von Schöneberg waren Rind und Schwein. Auf dem Herd eines der Häuser fand man das „Schöneberger Rind", eine Opfergabe aus Bronze, der bedeutsamste vorgeschichtliche Fund im ganzen Bezirk.

Abermals vergeht ein Jahrtausend, ehe wir Genaueres über die Ansiedlung von Menschen im Schöneberger Raum feststellen können. Nach dem Abzug der Semnonen während der Völkerwanderung wird das Spreehavelgebiet spätestens seit dem 7. Jahrhundert von slawischen Völkerschaften besiedelt, den an der Havel ansässigen Hevellern und den Sprewanen, deren Stammesfürst in der Burg auf der Schloßinsel Köpenick residierte. Schöneberg, das in der Mitte zwischen den beiden Herrschaftsgebieten lag, blieb anscheinend ein von menschlichen Siedlungen freier Grenzwaldbezirk. An Funden aus der Slawenzeit sind bisher nur ein paar Scherben zu verzeichnen, die zusammen mit einer karolingischen Perle aus dem 9. Jahrhundert ausgegraben wurden; Spuren einer Siedlung konnten an dem Fundort nicht entdeckt werden.

Erst im 13. Jahrhundert, der Epoche der Stadt-, Dorf- und Burgengründungen der Askanier auf märkischem Boden, wurde in der hügeligen Waldlandschaft südlich der Spree das Dorf angelegt, das dem heutigen Bezirk Schöneberg seinen Namen gab. Wie bei fast allen Ortschaften im Berliner Raum ist auch für Schöneberg keine Gründungsurkunde erhalten. Urkundlich erstmals erwähnt wird die Siedlung im Jahr 1264 in einem von Markgraf Otto III. von Brandenburg ausgestellten lateinischen Schenkungsdokument, in dem der Askanierfürst den Benediktinernonnen von Spandau fünf Hufen Land in der „villa", also dem Dorf „sconenberch", übereignet. Im feierlichen Stil der Zeit heißt es in der Urkunde: „Wie Tage und Zeiten in unaufhörlichem Wandel dahinfließen und vergehen, so würde auch, was in diesen Zeiten geschieht, sehr leicht aus der Erinnerung verschwinden, wenn es nicht durch die Stimme von Zeugen und schriftliche Aufzeichnungen Festigung erhielte. Deshalb machen wir allen gegenwärtigen als auch nachkommenden Christen bekannt, daß wir in der Hoffnung auf ewigen Lohn, nach guter und ehrlicher Überlegung, unter einmütiger Zustimmung unserer Söhne Johann, Otto und Albrecht der Nonnenkirche bei Zpandowe, welche wir mit frommer Liebe verehren – zu dem Herrn Jesus Christus hoffend, die dort Gott dem Herrn Dienenden möchten unsere Unvollkommenheit bei dem Höchsten ausgleichen – fünf im Dorfe Sconenberch gelegene Hufen zum ewigen Besitz als Eigentum übertragen haben, mit allen Rechten, so wie wir sie besaßen, nach völliger Befreiung von Steuer, Bede, Vogteidienst und jeglichen anderen Diensten. Gegeben zu Zpandowe durch die Hand unseres Hofnotars Johannes am 3. November im Jahre des Herrn 1264."

Über ein Jahrhundert später, in dem auf Weisung Kaiser Karls IV. zusammengestellten „Landbuch der Churmark Brandenburg", erhalten wir detailliertere Angaben über die Verhältnisse in „Schonenberge", wie das Dorf nunmehr geschrieben wird. Vor allem über die Besitzverteilung der Gemarkung, auf der es etwa 50 Hufen – also bäuerliche Siedlerstellen von 16 bis 17 Hektar Umfang – gab, wird Bericht erstattet. Als Empfänger der Abgaben der Bauern führt das Landbuch den Pfarrer des Dorfes und die Spandauer Nonnen auf, ferner die Besitzer von Grundrechten aus den benachbarten größeren Kaufmannsorten Berlin und Cölln. Genannt werden die Berliner Kalandsbrüder, eine karitative Gemeinschaft von Geistlichen und Laien, sowie mehrere wohlhabende Bürger, die in dem Dorf Grundrechte erworben hatten: Jacob Gortzik, Albert Rathenow, Johann Ryke und der adlige Patrizier Parys. Das einflußreichste Geschlecht in Schöneberg war bis in das 15. Jahrhundert die Familie Parys, die von den Bauern und Kossäten nicht nur Abgaben in Geld und Getreide erhielt, sondern auch die Gerichtsbarkeit und das Kirchenpatronat im Dorf besaß.

Seit dem Mittelalter besteht demnach ein enger Zusammenhang und ein Abhängigkeitsverhältnis zwischen den allmählich zum Zentrum der Mark Brandenburg aufsteigenden Spreestädten und dem Dorf im Süden dieser Orte. In den nächsten Jahrhunderten erwerben Bürger aus Berlin und Cölln immer wieder Grundrechte und Grundstücke in dem nahen Schöneberg. In den Urkunden tauchen die Namen bekannter Berliner und Cöllner Familien auf, die meist den begüterten Kaufmannsgeschlechtern angehören, so etwa die Rathenow, die Ryke oder Reiche, Sturm, Winsz und Hackenberg. Die Bauern und Kossäten hatten den Bürgern, die als Käufer und Nutznießer grundherrlicher Rechte auftraten, ebenso Abgaben in Form von Zins und Getreide, aber auch Acker- und Wagendienst zu leisten wie einigen Adligen, die gleichfalls in Schöneberg Besitz erwarben. Im 15. Jahrhundert waren dies die märkischen Geschlechter der Falkenrehde und Redern.

Bayerischer Platz in Schöneberg
Aufnahme 1909

Unter einem Herrn von Redern vollzog sich sodann eine entscheidende Wende für die Schöneberger Landleute. Das Dorf ging aus dem Familieneigentum der Redern in den unmittelbaren Besitz des Kurfürsten über. Am 24. April 1506 übereignete Jaspar von Redern, wie es in der Urkunde heißt, „zu einem rechten ewigen erbkauff" an Joachim I. „das dorff Schonenberg mit obersten und nydersten gerichten, Dinsten, Kirchlehen, scheffereyen, Holtzungen, wischen, weiden, struchеren, rorung und aller und iglichen anderen Nutzungen, Zugehorungen und gerechtigkeiten, das alles meine Eltern, vorfharen und ich von Iren fürstlichen gnaden und der Her-

Hochbahnhof Nollendorfplatz
Aufnahme 1902

Hochbahnhof Bülowstraße
Aufnahme 1902

schaft zu Brandenburg in lehen, besitzung und geweher hergebracht hab und in sonderheit mit dyssen pechten, Zinsen und Renthen."

Schöneberg wurde der Verwaltung des kurfürstlichen Amtes Mühlenhof unterstellt, einer zentralen Behörde für eine Reihe von Orten in der Umgebung von Berlin, die so hieß, weil sie ihren Sitz am Mühlendamm in Berlin-Cölln hatte. Die Schöneberger Bauern hatten nunmehr statt bürgerlichen und adligen Grundherren den Beamten des Mühlenhofs außer steuerlichen Abgaben Hafer, Roggen und Hühner zu liefern, daneben auch auf dem landesherrlichen Vorwerk des Dorfes die damals üblichen Fron-und Wagendienste zu leisten.

In der Folgezeit entwickelte sich, zum Teil auf Weisung der kurfürstlichen Beamten, auf der Schöneberger Gemarkung ein vielseitiger Betrieb. Neben den Bauern- und Kossätenhöfen gab es da eine Schäferei auf dem Gelände zwischen Schöneberg und den Nachbardörfern, wo 800 Schafe gehalten wurden, ferner einen Dorfkrug, der vor allem auch von den Benutzern der durch den Ort führenden Handelsstraße gern aufgesucht wurde. Auf dem Terrain des heutigen Kleistparks lag ein größerer Garten, in dem Hopfen für die am Mühlenhof betriebene Bierbrauerei und Gemüse für die kurfürstliche Küche angebaut wurde.

Bei Beginn des Dreißigjährigen Krieges war die Einwohnerzahl in Schöneberg auf 120 angestiegen, eine für ein Dorf jener Zeit durchaus ansehnliche Bewohnerschaft. In den Wirren des langen Krieges verminderte sich, wie in der übrigen Mark, auch in Schöneberg die Bevölkerung vor allem durch Seuchen und Hungersnöte. In den Urkunden der Jahre nach dem Kriege ist des öfteren von wüsten und verfallenen Bauernhöfen und unbestellten Äckern die Rede.

Erst im 18. Jahrhundert wirkten sich die Maßnahmen der Hohenzollern zur „Peuplierung" des menschenleeren Landes um Berlin auch auf Schöneberg aus. Der Oberst von Retzow wurde 1750 von Friedrich dem Großen beauftragt, 20 Kolonistenstellen auf dem Flurgelände anzulegen. Sie wurden mit aus Böhmen stammenden Webern und Spinnern besiedelt, die wegen ihres protestantischen Glaubens ihre Heimat verlassen hatten. Im Norden des Dorfes, im Gebiet zwischen Kaiser-Wilhelm-Platz und Grunewaldstraße, wurden die Kolonistenhäuser errichtet. Es entstand eine neuer Ortsteil, so daß es nunmehr zwei Dörfer in der Schöneberger Gemarkung gab: Alt-Schöneberg und die Kolonistensiedlung, die man einfach Neu-Schöneberg nannte. Auf 208 Einwohner stieg damit die Bevölkerung des „Doppeldorfes" an.

Ein Jahrzehnt später, im Siebenjährigen Krieg, erlebten die Schöneberger die schlimmsten Tage ihrer bisherigen Geschichte. Österreichische und russische Truppen rückten im Oktober 1760 von Süden her gegen Berlin vor, während das Gros der preußischen Armee in Schlesien stand. Sie bezogen

U-Bahn-Bau in der Münchener Straße
Aufnahme 1909

Hochbahnstrecke an der Dennewitzstraße
Aufnahme 1905

auf dem Schöneberger Hügelgelände Stellung und beschossen von dorther die preußische Hauptstadt, die sie sodann auch vorübergehend besetzten. Am 7. Oktober wurden bei diesen Kämpfen von russischen Soldaten die Häuser von Schöneberg angezündet, eine Maßnahme, die vermutlich die herannahenden Truppen des preußischen Korps von Hülsen bei ihrem Vormarsch aufhalten sollte. Alle Gebäude in Alt-Schöneberg mit Ausnahme der auf dem Freiraum der Dorfaue gelegenen Schmiede wurden ein Raub der Flammen.

Nach der Brandkatastrophe erwies sich als besonderer Vorteil, daß Schöneberg ein direkt dem Landesherrn, König Friedrich II., unterstehendes Dorf war. Noch während des Siebenjährigen Krieges, der erst 1763 zu Ende ging, wurde mit dem Wiederaufbau der zerstörten Häuser begonnen. Auch die ausgebrannte Dorfkirche wurde wiederhergestellt. Die geschädigten Bauern und Kossäten erhielten Bauunterstützung durch den Staat und wurden für einige Jahre von Steuern befreit. Am 9. August 1770 gab es für 21 Schöneberger Bauern- und Kossätenfamilien ein Freudenfest besonderer Art. Ihnen wurden Erbverschreibungen für ihre Höfe ausgehändigt. Dies bedeutete, daß sie den Status freier Bauern erhielten und über ihre Höfe frei und nach Gutdünken selber verfügen konnten. Das waren Vergünstigungen, die den meisten anderen Bauern in Preußen erst im 19. Jahrhundert im Zuge der Reformen zur Bauernbefreiung zuteil wurden. Zu den zu freien Bauern aufgestiegenen Familien gehörten vor allem auch die alteingesessenen Bauerngeschlechter wie die Hewald, Mette, Richnow, Willmann, deren Nachfahren vielfach heute noch in Berlin leben. Eine andere staatliche Maßnahme, von der die Schöneberger noch im 18. Jahrhundert Nutzen hatten, war die Anlage der Straße Berlin-Potsdam 1791. Diese erste gepflasterte Straße Preußens ging durch das Dorf über die Route der heutigen Hauptstraße, und Schöneberg wurde als oft benutzter Durchgangsort zwischen den beiden preußischen Residenzen noch mehr als bisher an die nahe Hauptstadt angeschlossen.

Im 19. Jahrhundert ging es nach den Notjahren der napoleonischen Besetzung mit Schöneberg rapide aufwärts. Die Lage an der Hauptstraße des Landes brachte Leben und wirtschaftlichen Aufschwung in das Dorf, das um 1800 erst wenig mehr als 500 Einwohner hatte. 1825 waren es schon fast 1100. Im Jahr der Vereinigung von Alt- und Neu-Schöneberg zu der schon teilweise städtisch anmutenden Landgemeinde Schöneberg, 1874, lebten im Gebiet des alten Dorfes an die 7500 Personen. Der immer noch recht idyllische und geruhsame Ort im Süden der Hauptstadt wurde zu einem Ausflugsziel der Berliner, und mehrere Gastwirte ließen sich in Schöneberg nieder. Die Eröffnung der Eisenbahnlinie Berlin-Potsdam im Jahre 1838, die durch Schöneberger Gelände führte, hatte noch keinen direkten Kontakt zur Hauptstadt zur Folge, denn erst 1871 wurde der Bahnhof Schöneberg für den Personenverkehr eröffnet.

Winterfeldtplatz mit St. Matthias-Kirche
Aufnahme 1898

Volksbücherei Eisenacher Straße
Aufnahme 1906

Nur einige Bauern nutzten die Situation aus, indem sie einen Teil ihrer Grundstücke so teuer wie möglich an die Eisenbahngesellschaft verkauften. Durch die Parzellenverkäufe an die Bahn und private Interessenten aus Berlin wurden etliche Schöneberger Familien schon um 1840 zu „Millionenbauern" und nicht erst in den Jahren nach 1870, als sie die stattlichen Villen errichteten, die heute noch an der Hauptstraße stehen.

Der nicht ohne Hektik erfolgende Aufstieg Berlins als Hauptstadt des Deutschen Reiches nach dem siegreichen Krieg gegen Frankreich riß auch das nahe Schöneberg mit. Während die Einwohnerzahl von Berlin sich von 823 000 um 1871 auf 1 900 000 um die Jahrhundertwende vermehrte, stieg die Bevölkerung in Schöneberg zwischen 1875 und 1898 von 7500 auf 75 000 an – also auf das Zehnfache. Der Status einer Landgemeinde war der Entwicklung des Ortes nicht mehr angemessen. Nach jahrelangen Vorverhandlungen mit den preußischen Behörden stellte daher der Gemeindevorstand den Antrag auf Verleihung des Stadtrechts, das Schöneberg schließlich durch folgenden „Allerhöchsten Erlaß" Kaiser Wilhelms II. verliehen wurde: „Auf den Bericht vom 10. Mai d. J. will Ich der Gemeinde Schöneberg, Kreis Teltow, die Annahme der Städte-Ordnung vom 31. Mai 1853 zum 1. April 1898 gestatten. Wiesbaden, den 17. Mai 1897. Wilhelm R., Frhr. von der Recke." Schöneberg schied damit auch aus dem Kreis Teltow aus, der nur ungern auf die Steuereinnahmen von den zum Teil recht wohlhabenden Bürgern des ehemaligen Dorfes der „Millionenbauern" verzichtete.

Für die schnell anwachsende Bevölkerung der neuen Stadt mußten in den Jahrzehnten bis zum Ersten Weltkrieg neue Wohnviertel angelegt werden, so etwa das vornehm-bürgerliche Revier um den Bayerischen und den Nollendorfplatz, die Straßen am damaligen Stadtpark um das neue Rathaus und die meist weniger komfortabel ausgestatteten Wohnblocks auf der „Insel", wie die Schöneberger das von Gleisanlagen umschlossene Gebiet an den Nordsüdstrecken der Bahn nannten. Im Süden von Schöneberg war schon in den Gründerjahren mit der Schaffung der Landhauskolonie Friedenau begonnen worden, die diesen Namen nach dem Frieden von 1871 erhielt. Die vorwiegend von Beamten und Rentnern bewohnte Landgemeinde legte auf ihre kommunale Selbständigkeit Wert und bezeugte dies durch den Bau eines eigenen stattlichen Rathauses am Breslauer Platz. Erst 1920 wurde Friedenau dem damals geschaffenen Bezirk Schöneberg einverleibt.

Die neue Stadt Schöneberg hatte das Glück, in ihren beiden ersten Oberbürgermeistern – Rudolph Wilde 1898 bis 1910 und Alexander Dominicus 1911 bis 1921 – liberale, der modernen großstädtischen Entwicklung aufgeschlossene Kommunalpolitiker zu besitzen. Unter Dominicus wurde das neue Rathaus am Stadtpark – heute Rudolph-Wilde-Park – errichtet, da das alte Amtsgebäude am Kaiser-Wilhelm-Platz schon lange nicht mehr für die Verwaltung der auf 150 000 Einwohner angestiegenen Stadt ausreichte. 1920 kam es dann zu der bis heute am stärksten fortwirkenden kommunalen Reform in Berlin, zur Bildung der Einheitsgemeinde Groß-Berlin. Schöneberg wurde mit Friedenau zum 11. Bezirk vereinigt, einem großstädtischen Verwaltungskomplex, der kurz vor Ausbruch des Zweiten Weltkrieges die seitdem nie mehr erreichte Zahl von über 277 000 Bewohnern aufwies. Denn 1938 war Schöneberg bei einer Korrektur der Bezirksgrenzen um ein dicht bewohntes Gebiet östlich der Nürnberger Straße vergrößert worden, das bisher zu Charlottenburg gehört hatte. Der Wittenbergplatz mit dem Kaufhaus des Westens sind seitdem ein wirtschaftlich besonders wertvoller Teil des Bezirks.

In den Jahren zwischen den beiden Weltkriegen gehörte Schöneberg zu den Bezirken, in denen die Nationalsozialisten nicht Fuß fassen konnten. Die Schöneberger galten als politisch besonders wach und kritisch, erlebten sie doch die politischen Auseinandersetzungen in den letzten Jahren der Weimarer Republik aus nächster Nähe. Auf Schöneberger Terrain, in der Potsdamer Straße, lag der Sportpalast, zugleich ein Ort musikalischer und sportlicher Veranstaltungen wie der damals beliebten Sechstagerennen und eine von den Parteien häufig für ihre politischen Kundgebungen genutzte Versammlungshalle. Besonders zwischen den extremen Parteien der Rechten und Linken, den Nationalsozialisten und Kommunisten, kam es in der Umgebung des Sportpalasts zu blutigen Zusammenstößen. Trotz der intensiven Propaganda und der militanten Agitation des Berliner Gauleiters der NSDAP, Goebbels, der im Sportpalast manche Rede hielt, konnten die Nationalsozialisten bei den letzten freien Wahlen in Berlin in den meisten Bezirken nur eine Minderheit der Stimmberechtigten für sich gewinnen. In Schöneberg stimmten bei der Reichstagswahl am 6. November 1932 von 201 916 Wahlberechtigten lediglich 47 155 für die NSDAP, bei den Bezirksverordnetenwahlen am 12. März 1933 von 189 719 Berechtigten nur 59 660, also kaum ein Drittel für Hitler, Goebbels und ihre Leute. Der 1973 abgerissene Sportpalast war auch Schauplatz einer der spektakulärsten Veranstaltungen des Zweiten Weltkrieges. Der zum Propagandaminister avancierte Berliner Gauleiter Goebbels hielt dort am 18. Februar 1943, kurz nach dem Debakel von Stalingrad, vor einem ausgewählten Parteipublikum die zu makabrem Ruhm gelangte Rede, in der den Deutschen der „totale Krieg" verkündet wurde.

Das Kaufhaus des Westens
Aufnahme um 1930

Der Zweite Weltkrieg hatte für Schöneberg Folgen, im Vergleich mit denen der Dorfbrand im Siebenjährigen Krieg ein winziger Schaden war. Durch die Bombenangriffe und Häuserkämpfe der letzten Kriegstage wurde von den Wohnungen des Bezirks etwa ein Drittel zerstört. Von den 93 000 Schöneberger Wohnungen waren bei Kriegsende höchstens noch 58 000 mehr oder weniger benutzbar. Die größten Schäden gab es im Norden des Bezirks im Umkreis der Straßen zwischen dem Wittenberg- und Dennewitzplatz und dem Bayerischen Viertel. Dagegen blieben an der Hauptstraße, in Friedenau und auf der Insel im Stadtbahnbereich die meisten Gebäude erhalten. Aus den Trümmern der zerstörten Häuser wurde in den ersten Nachkriegsjahren an der Grenze zum Bezirk Steglitz der Insulaner aufgeschüttet. Mit dem 75 m hohen Hügelgelände, das Platz genug für einen Park bot, hat Schöneberg einen aus der Not der Zeit entstandenen wirklichen Berg erhalten. Nach der Beseitigung der größten Trümmermassen begann in den fünfziger Jahren allmählich der Wiederaufbau. Vor allem auf den Grundstücken der zerstörten Gebäude wurden Neubauten errichtet. Das Schwergewicht des zumeist im Rahmen des sozialen Wohnungsbaus vorgenommenen Wiederaufbaus lag naturgemäß in den Gebieten des Bezirks, die am meisten gelitten hatten. Ganze Partien des Bayerischen Viertels und die Straßen in der Umgebung der Kleiststraße wurden neu geschaffen. Aber auch in manchen anderen Straßen enstanden

Innsbrucker Platz und Hauptstraße
Aufnahme 1935

auf enttrümmerten Grundstücken meist mit modernem Komfort ausgestattete Wohnhäuser, so daß Schöneberg wieder über 83 000 Wohnungen für die rund 160 000 Bürger des Bezirks verfügt. Anstelle der Errichtung ganzer Neubauten ist jetzt die Hauptaufgabe der Bauexperten des Bezirks die Modernisierung der vielfach aus den Jahren vor 1918 stammenden Wohnungen und die Sanierung überalterter Häuser, ja ganzer Stadtviertel. Paradestück der Schöneberger Stadtsanierung sind die beiderseits der Potsdamer Straße in dem früheren Mietskasernenrevier entstandenen Wohnviertel mit ihren farbenfrohen, nach alten Vorbildern erneuerten Fassaden und Fußgängerzonen.

Politisch interessierten Besuchern Berlins ist Schöneberg vor allem als ein Stadtteil bekannt, in dem sich immer wieder Ereignisse von überregionaler Bedeutung abspielen, die in der deutschen und ausländischen Presse Resonanz finden. Namentlich in und vor dem Schöneberger Rathaus, das seit der Spaltung Berlins im Jahre 1948 das Zentrum des politischen Lebens der Stadt ist, hat so manche Veranstaltung stattgefunden, in der die Rolle Berlins als Vorposten der freiheitlichen westlichen Welt betont wird. Ein historisches Ereignis wurde vor allem die Rede, die der Präsident der USA, John F. Kennedy, am 26. Juni 1963 hielt, wenige Monate vor seiner Ermordung, und bei der er den Hunderttausenden zurief, die sich auf dem später nach ihm benannten Platz versammelt hatten: „Ich bin ein Berliner!" Ein anderes Schöneberger Gebäude, das Kammergericht am Kleistpark, gelangte nicht nur in der NS-Ära zu trauriger Berühmtheit durch den Prozeß, in dem dort in den Augusttagen 1944 die Verschworenen des 20. Juli durch den „Volksgerichtshof" im Schnellverfahren zum Tode verurteilt wurden. Auch in den Nachkriegsjahren wurde das Gerichtsgebäude der Öffentlichkeit durch die Sitzungen des Alliierten Kontrollrats bekannt, der dort bis 1948 tagte. 1970 und 1971 fanden sodann in dem repräsentativen Gebäude die langwierigen Verhandlungen der Vertreter der vier Siegermächte statt, die schließlich ein positiveres und insbesondere für die Berliner erfreulicheres Ergebnis hatten als die 1948 nach dem Auszug des sowjetischen Oberbefehlshabers Marschall Sokolowski abgebrochenen Sitzungen des Kontrollrats. Das Resultat der Verhandlungen war das Viermächte-Abkommen, dessen Schlußprotokoll am 3. Juni 1972 durch die Außenminister der drei Westmächte und der Sowjetunion im ehemaligen Kammergericht am Kleistpark unterzeichnet wurde, sicherlich die bedeutendste Vereinbarung über Berlin seit Kriegsende. Ein wichtiges Organ von überregionalem Einfluß ist schließlich der in Schöneberg seit 1946 arbeitende „Rundfunk im amerikanischen Sektor", der RIAS. Seine Sendungen werden als „freie Stimme der Freien Welt" vor allem auch von den Bewohnern der DDR und natürlich den Berlinern gern gehört.

Das RIAS-Gebäude liegt am Rande des Rudolph-Wilde-Parks, der zusammen mit dem anschließenden Wilmersdorfer Volkspark die größte Grünanlage darstellt, die den Schönebergern bequem ereichbar ist. Sonst gibt es in dem dicht bebauten Innenstadtbezirk nur kleinere Grünflächen wie etwa den Heinrich-Lassen-Park im Hinterland der Hauptstraße, im Süden Schönebergs die Parkanlagen auf dem Insulaner, am Alboinplatz und in der Siedlung Lindenhof, im Norden des Bezirks den Kleistpark und neuerdings eine Anlage an der Hochbahn nahe dem Dennewitzplatz. Zum Glück stehen den Schönebergern nicht nur diese Parks zur Verfügung, wenn sie sich erholen und Spaziergänge machen wollen. Die Schrebergärten zu beiden Seiten des Priesterwegs sind nach wie vor ein umfangreiches Freigelände, auf dem sich die sonst von öffentlichen und privaten Bauherren bedrängten Laubenpieper halten konnten. Am Rande der Kleingärten erstreckt sich ein anderes ausgedehntes Freigelände, das Schöneberger Sportzentrum. Da gibt es außer den Übungs- und Spielplätzen der Sportfreunde eine Radrennbahn, eine Sport- und Turnhalle und eine Schwimmhalle, die nicht nur die Schöneberger Anhänger des

Schöneberger Trümmerfrauen
Aufnahme 1946

Trümmeraufschüttung am Priesterweg
Aufnahme 1949

Schwimmsports und Wasserballs anzieht. Das markante grüne Gebäude am Sachsendamm, das eine 50-Meter-Bahn besitzt, ist zugleich die zentrale Trainings- und Wettkampfstätte der Berliner Leistungsschwimmer; auch internationale Meisterschaften finden dort statt.

Zum Freigelände des Bezirks gehören auch die Schöneberger Friedhöfe, von denen einige nicht nur von den Angehörigen der dort Bestatteten, sondern von manchem an Berliner Geschichte und Kunst Interessierten aufgesucht werden. Der St. Matthäus-Kirchhof am S-Bahnhof Großgörschenstraße ist im Baedeker mit einem Stern gekennzeichnet, weil es dort gleich mehrere Dutzend Gräber berühmter Berliner des 19. Jahrhunderts gibt. Auf dem Kirchhof ruhen – um nur einige Namen zu erwähnen – die Brüder Grimm, die Historiker Sybel, Treitschke und Waitz, der Theologe Adolf v. Harnack, die Mediziner Rudolf Virchow und Bernhard v. Langenbeck, der Pädagoge Diesterweg, der Architekt Messel, ferner bedeutende Männer der Wirtschaft wie etwa Carl Bolle, der die stadtbekannte Meierei gründete, und David v. Hansemann, preußischer Finanzminister und Gründer der Diskonto-Gesellschaft, dessen Familie das imposanteste Grabmonument des Friedhofs mit einer Säulenumrahmung anlegen ließ. Auf dem Zwölf-Apostel-Kirchhof in der Kolonnenstraße findet man die letzte Ruhestätte der Historiker Gustav Droysen, Max Duncker und Reinhold Koser, des Wegbereiters des modernen Liberalismus, Friedrich Naumann, des Bildhauers Reinhold Begas und des Malers Anton v. Werner. Speziell Kenner der Schöneberger Ortsgeschichte suchen gern den Friedhof in der Hauptstraße hinter der Dorfkirche auf. Dort haben die Familien der alteingesessenen Bauerngeschlechter ihren Toten eindrucksvolle Denkmäler, ja manchmal ganze Mausoleen und Kapellen errichtet.

Die neben dem Kirchhof auf einer kleinen Anhöhe über der Hauptstraße stehende Dorfkirche, die im letzten Krieg ausbrannte, ist in ihrer äußeren Gestalt wiederhergestellt worden. Das mehrmals erneuerte Gotteshaus, dessen erster Bau schon im Mittelalter am selben Platz stand, ist heute Schönebergs ältestes Baudenkmal. Auch andere Schöneberger Kirchen von kunsthistorischem Wert sind uns erhalten geblieben, so etwa der neubarocke Kuppelbau der Königin-Luise-Gedächtniskirche, der neuromanische Hallenbau der Zwölf-Apostel-Kirche und mehrere Backsteinkirchen in neugotischem Stil aus dem vorigen Jahrhundert wie die Apostel-Paulus-Kirche in der Grunewaldstraße, die Lutherkirche auf dem Dennewitzplatz und die Friedenauer Kirche zum guten Hirten. Die noch vor der Jahrhundertwende errichtete St. Matthiaskirche auf dem Winterfeldtplatz ist das größte katholische Gotteshaus in West-Berlin. Als „architektonische Una Sancta" gelten die um 1962 entstandenen auffälligen Gotteshäuser neben der alten Dorfkirche an der Hauptstraße: die evangelische Paul-Ger-

Sportpalast an der Potsdamer Straße
Aufnahme 1973

Sechs-Tage-Rennen im Sportpalast
Aufnahme 1964

hardt-Kirche, eine flache Stahlbetonkonstruktion, und die ihr in der Bauart angeglichene benachbarte katholische St. Norbert-Kirche. Als „Kircheninsel" wird von den Einheimischen das Terzett der Gotteshäuser bezeichnet, das zusammen mit den danebenstehenden Villen der Millionenbauern der Hauptstraße ein besonderes Gepräge gibt.

Schöneberger, die die Vergangenheit ihres Bezirks genauer kennen, weisen nicht ohne Stolz darauf hin, daß die Hauptstraße mit der Grünpromenade des einstigen Dorfangers in der Mitte eine Route ist, die in der Ortsgeschichte von jeher eine zentrale Rolle spielte. Auf dem Gelände an dieser Straße, nicht weit von der Dorfkirche, haben schon vor 2000 Jahren die Semnonen eine Siedlung angelegt. Seit dem Mittelalter war sie Hauptstraße des Dorfes Schöneberg mit einer auch heute noch in ihren Grundzügen als Mittelpromenade erhaltenen Dorfaue. Als 1791 die Straße Berlin-Potsdam angelegt wurde, bildete die Hauptstraße mit einer Gesamtlänge von 2750 m eine der wesentlichsten Partien der ersten gepflasterten Chaussee Preußens.

Die Potsdamer und die Rheinstraße, die an die Hauptstraße im Norden und im Süden anschließen, sind ebenfalls Teile dieses historischen Straßenzuges. Als wichtigste Nordsüd-Verkehrsroute und Einkaufszentrum der Schöneberger mit Hunderten von Geschäften verschiedenster Branchen hat der Dreistraßenzug bis heute Bedeutung für den Bezirk. Nur noch in der Tauentzienstraße, die mit ihrer Osthälfte und dem Kaufhaus des Westens als geschäftliches Finale zu Schöneberg gehört, pulsiert ein so reges Geschäftsleben wie in der Haupt- und Rheinstraße. Auch der Potsdamer Straße, die am Nordende der Hauptstraße beginnt und hinter der Kurfürstenstraße in den Bezirk Tiergarten hineinläuft, geben neben Behördenbauten und Banken Geschäfte und Restaurants eine großstädtische Note. Sieht man genauer hin, so wird man unter den geschäftlichen und gastronomischen Unternehmen der „Potse", wie die Einheimischen sie nennen, manche entdekken, in denen recht zwielichtige Geschäfte gemacht werden. Nepp- und Sexlokale, Spielsalons und Pensionen, die den Anwohnern als „Absteigen" bekannt sind, haben der Straße den Ruf eingetragen, die Reeperbahn Berlins zu sein. Für die Schöneberger Kommunalpolitiker ist die Potsdamer Straße und ihr Umfeld seit langem ein Gebiet, in dem sich schwer lösbare soziale Probleme zusammenballen. Prostitution, Drogenhandel und Kriminalität verschiedenster Art machen der Polizei Sorgen. Durch die Krawalle der Hausbesetzerszene, die sich Anfang der achtziger Jahre im Bereich der Potsdamer Straße bis hin zum Nollendorf- und Winterfeldtplatz abspielten, geriet dieses Schöneberger Viertel wiederholt in die Schlagzeilen der Presse. Der türkische Basar im stillgelegten Hochbahnhof Bülowstraße und die zahlreichen ausländischen Geschäfte und Lokale weisen die Potsdamer und ihre Nebenstraßen als ein

Kundgebung mit Präsident Kennedy
26. Juni 1963

John F. Kennedy bei seiner Ansprache
26. Juni 1963

bevorzugtes Revier der ausländischen Bewohner des Bezirks aus, die annähernd 17 Prozent der Bevölkerung stellen. Etwa jeder sechste Schöneberger ist ausländischer Nationalität, und bezüglich des Ausländeranteils rangiert der Bezirk in West-Berlin an vierter Stelle nach Kreuzberg, Tiergarten und Wedding.

Besonders vielfältige und erfreuliche Aspekte bietet das Schöneberger Kulturleben. Es gibt in dem Bezirk eine Reihe kultureller Einrichtungen, die für ganz Berlin von Bedeutung sind, so etwa drei nah beieinander in der Kleiststraße gelegene Institute: die Kulturgemeinschaft Urania, die seit 1888 besteht und durch ihre Vorträge Zehntausenden von Berlinern Bildung und Anregung bietet; das der Urania benachbarte Post- und Fernmeldemuseum und auf der anderen Straßenseite das West-Berliner Landesarchiv mit seinen einzigartigen Dokumentenschätzen zur Geschichte der Stadt. Die Fachhochschulen für Wirtschaft sowie für Sozialarbeit und Sozialpädagogik haben ebenso ihren Sitz in Schöneberg wie der altrenommierte Lette-Verein, der Jugendliche auf verschiedenste Berufe vorbereitet. Mit dem astronomischen Zentrum am Insulaner besitzt Schöneberg eine seltene Bildungseinrichtung besonderer Art. Das Planetarium und die Wilhelm-Foerster-Sternwarte auf dem Trümmerberg, die größte Volkssternwarte der Bundesrepublik und West-Berlins, ziehen Jahr für Jahr Tausende von Berlinern an, die ihren Horizont im wahrsten Sinne des Wortes erweitern wollen.

Kunst, Kultur und Geschichte werden in zwei Gebäuden in der Grunewaldstraße am Südrand des Kleistparks gepflegt. Das gleich nach dem Ersten Weltkrieg fertiggestellte imposante Haus der ehemaligen Staatlichen Kunstschule beherbergt heute die Abteilung Kunstpädagogik der Hochschule der Künste; Kunsterzieher für die Schulen werden dort ausgebildet. In dem über hundertjährigen Backsteinbau neben dem Hochschulgebäude, dem früheren Botanischen Museum Berlins, sind gleich vier kulturelle Institutionen untergebracht, die speziell die Schöneberger angehen: die Volksmusikschule, in der die Jugend des Bezirks ernsthaftes Musizieren erlernen kann, das Kunstamt, in dessen Räumen Ausstellungen und Lesungen stattfinden, und schließlich die reichhaltigen Sammlungen des Heimatarchivs und Heimatmuseums des Bezirks. Bilder, Urkunden und andere Zeitdokumente wie Möbel und Gebrauchsgegenstände geben anschaulich Kunde von mehreren Jahrhunderten Schöneberger Lebens.

Die Besucher des Heimatmuseums erfahren, daß Schöneberg seit Ende des vorigen Jahrhunderts bevorzugter Wohnort bekannter Persönlichkeiten gewesen ist. Hier lebten die führenden Köpfe der Sozialdemokratie der Kaiserzeit wie August Bebel und Eduard Bernstein, aber auch konservativ-liberale Politiker wie Friedrich Naumann, dessen engster Mitarbeiter Theodor Heuss war. In Schöneberg hat Heuss 1919–29 als Stadt- und Bezirksverordneter gewirkt. Nahe dem Bayerischen Platz hatte der Physiker und Nobelpreisträger Albert Einstein sein Berliner Domizil. Womöglich noch mehr Popularität als der Begründer der Laien schwer verständlichen Relativitätstheorie haben zwei Schönebergerinnen errungen, die beide in der Leberstraße auf der „Insel" zur Welt gekommen sind: die Schauspielerin Marlene Dietrich, geboren 1901, und Hildegard Knef, geboren 1925. Der populärste Musiker, der in Schöneberg gelebt hat, ist zweifelsohne Walter Kollo, Komponist von 40 Operetten und Singspielen, darunter sein vielgespieltes Meisterwerk der leichten Muse „Wie einst im Mai" mit dem Lied, das zur Schöneberger "Nationalhymne" wurde:

Das war in Schöneberg im Monat Mai,
ein kleines Mädelchen war auch dabei,
das hat den Buben oft und gern geküßt,
wie das in Schöneberg so üblich ist...

Nur einem kleinen Kreis sind zwei andere Komponisten bekannt: der Friedenauer Max Bruch und der nach Berlin übergesiedelte Italiener Ferruccio Busoni, der nicht nur Opern und Klavierstücke schuf, sondern auch als Verfasser musiktheoretischer Schriften Diskussionen anregte. Aus dem Bereich der bildenden Kunst sind in unseren Tagen vor allem die Schöneberger Maler Hans Baluschek und Lesser Ury zu verdientem Nachruhm gelangt.

Nur wenige wissen, daß Walter Leistikow, der Maler märkischer Landschaft und bekannter Grunewaldbilder, Wohnung und Atelier in der Geisbergstraße hatte. In den Jahren nach dem Zweiten Weltkrieg waren die bekanntesten Schöneberger Künstler der Maler Karl Hofer und die Bildhauerin Renée Sintenis; eine ihrer Tierplastiken wurde auf dem nach ihr benannten Platz in Friedenau aufgestellt.

Besonders vielfältig waren die Beziehungen Schönebergs zur Literatur. Verlage und Autoren haben sich seit dem 19. Jahrhundert gern in Schöneberg und Friedenau niedergelassen, wo sich geruhsamer und konzentrierter arbeiten ließ als in den verkehrsreichen Straßen der Berliner Innenstadt. Zwei führende deutsche Verleger, Samuel Fischer und Ernst Rowohlt, hatten bis in die dreißiger Jahre den Sitz ihrer Unternehmen in Schöneberg. Der älteste noch existierende Berliner Verlag, die 1614 gegründete Haude & Spenersche Verlagsbuchhandlung, ist heute im Bezirk ansässig. Ein Schöneberger Unternehmen von internationalem Ruf ist der 1856 von Gustav Langenscheidt gegründete Sprachenverlag, der seinen Sitz in der Crellestraße hat und in vielen Ländern verbreitete Wörterbücher und Unterrichtswerke herausbringt. Lang ist die Reihe über Berlin hinaus bekannter Autoren, die in Schöneberg gewohnt und gearbeitet haben. Sie beginnt mit Adelbert v. Chamisso, der am ehemaligen Botanischen Garten, dem heutigen Kleistpark, als Kustos tätig war. Sein Meisterwerk „Peter Schlemihls wundersame Geschichte" und manches seiner Gedichte haben die Zeiten überdauert. Zu bedeutenden Vertretern der deutschen Dichtung unseres Jahrhunderts, an die in Schöneberg und Friedenau meist durch Gedenktafeln an ihren Geburts- oder Wohnhäusern erinnert wird, gehören der Romancier Georg Hermann, Verfasser der Berliner Romane „Jettchen Gebert" und „Henriette Jacoby", die Lyrikerinnen Else Lasker-Schüler und Nelly Sachs sowie die Dichter Arno Holz und Gottfried Benn. Auch heute leben in Schöneberg namhafte Autoren, die sich den verschiedensten Gebieten der Literatur widmen, so Richard Anders, Gerald Bisinger, Christoph Meckel, Aldona Gustas, Hedwig Rohde und Friedrich Luft. Der berühmteste Schöneberger Autor ist zweifellos Günter Grass, Träger vieler Literaturpreise und seit 1983 Präsident der Berliner Akademie der Künste.

In der Nollendorfstraße 17 befand sich Ende der zwanziger Jahre die Fremdenpension von Fräulein Schröder. Hier wohnte der englische Schriftsteller Christopher Isherwood während seines Berlin-Aufenthaltes von März 1929 bis zur „Machtübernahme" der Nationalsozialisten. Isherwood erlebte seine Schöneberger Unterkunft so: „Unter meinem Fenster die düstere Straße, eine massive Pracht, Kellerläden, in denen tagsüber Licht brennt, im Schatten gewaltiger balkongeschmückter Fassaden, schmutziger Stuckfronten, mit hervorquellenden Schnörkeln und heraldischen Symbolen. Das ganze Viertel ist so: straßauf, straßab von Häusern, gleich schäbigen Riesengeldschränken, die vollgestopft sind mit den verblichenen Kostbarkeiten und mit den zweitklassigen Möbeln einer bankrotten Mittelschicht. Ich bin eine Kamera mit offenem Verschluß, nehme nur auf, registriere nur, denke nichts..."

Diese Sätze stammen aus Isherwoods 1935 erschienenen „Berlin-Stories". Wie ganz anders hatte dagegen ein Menschenalter zuvor der Dichter und Dramatiker Adolf Wilbrandt Schöneberg erlebt. In seinen 1907 erschienenen "Erinnerungen" beschreibt er Eindrücke, die er 1857 als Zwanzigjähriger empfing: „In der lieblich frischen Morgenwärme wanderten wir oft nach Schöneberg hinaus – damals noch nichts als ein Dorf ‚da draußen'. Kein Schöneberger Bauer ahnte, daß in seinem Acker eine Million steckte, die das sich wild dehnende Berlin ihm eines Tages auf den Tisch legen werde. Das einzige Wirtshaus im Dorf hatte einen Garten, in dem sich unter schattenden Bäumen herrlich frühstücken und dichten ließ..."

Blick auf die Hauptstraße

Viktoria-Luise-Platz

Mädchen am Brunnen

Blick auf das Rathaus Schöneberg

Blumenmarkt vor dem Rathaus

Rathaus Schöneberg und John-F.-Kennedy-Platz

Die Brandenburghalle im Rathaus Schöneberg

Fassade eines Bürgerhauses

Biedermeierzimmer im Heimatmuseum

Villa in der Hauptstraße

Kirche zum Guten Hirten

Der Kirchhof Alt-Schöneberg

Die Schöneberger Dorfkirche

Lette-Verein: Büste des Gründers

Lette-Verein: Modezeichnerinnen

Marktszene auf dem Winterfeldtplatz

Wochenmarkt auf dem Winterfeldtplatz

Kolonnaden am Kleistpark

Kolonnaden und ehemaliges Kammergericht

Treppenhaus im Amtsgericht Schöneberg

Blick über Schöneberg, im Vordergrund der Heinrich-Lassen-Park

Grabmäler auf dem Matthäus-Friedhof

Am U-Bahnhof Rathaus Schöneberg

Brücke und Weiher in der Lindenhof-Siedlung

Der goldene Hirsch im Rudolph-Wilde-Park

Neubau am Perelsplatz in Friedenau

Frauenskulptur an einer Hausfront

Antiquitäten in der Keithstraße

Bürgerhaus und Rathaus Friedenau

Sintflutbrunnen am Perelsplatz

S-Bahnhof Friedenau

In einer Schöneberger Brotfabrik

Campus der Fachhochschule für Wirtschaft

Nollendorfstraße

Nürnberger Straße

Café in der Goltzstraße

Mälzerei einer Brauerei

Potsdamer Straße

Kneipe auf der „Insel"

Bildgießerei in der Fehlerstraße

Ehemalige Goerzwerke in der Rheinstraße

Ein alter Wasserturm auf dem Südgelände

Das Zeiss-Planetarium am Munsterdamm

Idylle in der Laubenkolonie

Laubenkolonien im Südgelände

Türkischer Obstverkäufer in der Hauptstraße

TÜV in der Alboinstraße

S-Bahnhof Schöneberg

S-Bahnhof Priesterweg

Stadtautobahn am Schöneberger Kreuz

Der Künstler Thomas Schliesser

Die Malerin Carola Göllner

Autorenlesung in einer Buchhandlung

Auguste-Viktoria-Krankenhaus

Schöneberger Schwimmhalle

Kathreinerhaus am Kleistpark

Winter im Heinrich-Lassen-Park

Winter im Rudolph-Wilde-Park

Die Schöneberger Sängerknaben

Vor den Festsälen „Prälat Schöneberg"

Im „Metropol" am Nollendorfplatz

U-Bahnhof Wittenbergplatz

U-Bahnhof Wittenbergplatz

In der Lebensmitteletage des KaDeWe

Straßenbahn auf stillgelegter Hochbahnstrecke

Türkischer Basar im Hochbahnhof Bülowstraße

Flohmarkt im Hochbahnhof Nollendorfplatz

Der RIAS an der Kufsteiner Straße

# Bildkommentare

Die Nummern beziehen sich auf die entsprechenden Buchseiten.

17 Daß die Hauptstraße ihren Namen zu Recht trägt, ist besonders deutlich zu erkennen, wenn man vom Rathaus Friedenau auf sie herabblickt. Seit dem Mittelalter war die heutige zentrale Verkehrsroute des Bezirks die Hauptstraße der dörflichen Siedlung Schöneberg und seit dem Ende des 18. Jahrhunderts eine wichtige Partie der Chaussee Berlin – Potsdam, der ersten gepflasterten Straße in Preußen.

18 Zu den schönsten Plätzen des Bezirks gehört der Viktoria-
19 Luise-Platz. Sein Name erinnert an die 1892 geborene einzige Tochter Kaiser Wilhelms II., die spätere Herzogin von Braunschweig-Lüneburg. Der Platz, inmitten eines an Grünflächen armen Wohngebiets gelegen, ist eine bevorzugte Stätte der Erholung für die Schöneberger. Auch die hübschen Mädchen des benachbarten Lette-Vereins lassen sich in einer Pause gern am Rande des Springbrunnens nieder.

20 Der 70 Meter hohe Turm des Rathauses Schöneberg, auf dem
21 ständig die Dienstfahne des Landes Berlin weht, ist ein weithin sichtbares Wahrzeichen des Bezirks. Der Wochenmarkt auf dem Platz vor dem Rathaus, vor allem aber auch der alljährlich stattfindende Blumenmarkt, sind von den Bürgern geschätzte Einrichtungen, die sich gut mit der Politik vertragen, die im Rathaus betrieben wird.

22 Das kurz vor dem Ersten Weltkrieg errichtete Schöneberger Rathaus ist seit der Spaltung der Stadt im Jahre 1948 das Regierungs- und Verwaltungszentrum von West-Berlin. Die meisten Dienststellen des Bezirks mußten ausziehen. Jedoch ist das Gebäude nach wie vor Amtssitz des Bezirksbürgermeisters von Schöneberg, der auch immer noch Hausherr des Rathauses ist, und Tagungsort der Bezirksverordnetenversammlung.

23 In der weiträumigen, 60 Meter langen Brandenburghalle des Rathauses finden repräsentative Empfänge und Veranstaltungen des Senats statt. Sie hat ihren Namen von dreißig Wandbildern, auf denen Motive aus Städten und Landschaften der Mark Brandenburg dargestellt sind.

24 Ein architektonisches Schmuckstück des Bezirks ist das 1892 erbaute, stilgerecht restaurierte Haus Grunewald-, Ecke Akazienstraße mit seiner reich verzierten und vielfältig gegliederten Stuckfassade.

25 Das Biedermeierzimmer im Schöneberger Heimatmuseum in der Grunewaldstraße gibt anschaulich Eindruck von Wohnkultur und Lebensstil des Bürgertums im 19. Jahrhundert.

26 In der Hauptstraße gegenüber der in eine Grünpromenade umgewandelten früheren Dorfaue stehen mehrere nach den Gründerjahren errichtete besonders ansehnliche und wohlerhaltene Landhäuser der Schöneberger „Millionenbauern", die namentlich durch Grundstücksverkäufe ein Vermögen erwarben. Das heute von der Polizei genutzte Haus Nr. 45 gehörte dem Bauerngutsbesitzer Willmann, dessen Familie im Laufe der Jahrhunderte mehrmals den Dorfschulzen stellte.

27 Der neugotische Backsteinbau der Kirche Zum Guten Hirten auf dem Friedrich-Wilhelm-Platz in Friedenau wurde 1893 eingeweiht. Das Patronat für die Kirche hatte auf Wunsch der Gemeinde Kaiserin Auguste Viktoria übernommen. Die Kirche bildet den Richtpunkt für mehrere hier abgehende Straßen.

28 Vom Wohlstand und Repräsentationsbedürfnis der alteingesessenen Schöneberger Bauerngeschlechter zeugen die stattlichen, reich verzierten Familienkapellen, Mausoleen und Grabmäler auf dem alten Friedhof hinter der Dorfkirche.

29 Das älteste Bauwerk in Schöneberg ist die Dorfkirche, die sich eindrucksvoll auf einer Anhöhe neben der Hauptstraße erhebt. Der heutige Bau wurde auf dem Platz mittelalterlicher Gotteshäuser nach Ende des Siebenjährigen Krieges 1764–66 errichtet und nach Behebung der im letzten Krieg erlittenen Schäden in der äußeren Gestalt wiederhergestellt.

30 Der Name Lette, dessen Büste im Haus des Lette-Vereins am Viktoria-Luise-Platz zu sehen ist, hat in der pädagogischen Welt weit über Berlin hinaus Ansehen. Der 1866 von Wilhelm Adolf Lette gegründete „Verein zur Förderung der Erwerbstätigkeit des weiblichen Geschlechts" war im vorigen Jahrhundert, in dem die berufliche Ausbildung der Frauen wenig gefördert wurde, eine Pioniertat. Seit 1902 ist die Lette-Schule in dem in den letzten Jahren durch einen Neubau erweiterten Gebäudekomplex in Schöneberg untergebracht.

31 In den Lehrgängen des Lette-Vereins werden weibliche und neuerdings auch männliche Jugendliche in mehreren Fachschulen auf kaufmännische, technische und vor allem gewerbliche Berufe der Konfektion, Gebrauchsgrafik, Fotografie und Hauswirtschaft vorbereitet. Die Kurse im Modezeichnen erfreuen sich besonders regen Zuspruchs.

32 Wochenmarkt auf dem Winterfeldtplatz, den Schönebergern
33 seit Generationen ein Begriff. Die Märkte sind seit den längst vergangenen Zeiten, als die Bauern der Dörfer um Berlin die Früchte ihrer Felder und Gärten selber in der Stadt verkauften, bei der Bevölkerung beliebt.

34 Putten und Gestalten der antiken Mythologie bilden den Figurenschmuck der Kleistkolonnaden, die 1910 von ihrem ursprünglichen Standort nahe dem Alexanderplatz nach dem Kleistpark

überführt wurden. Die 1777–80 nach Entwürfen von Carl von Gontard durch Georg Friedrich Boumann ausgeführten „Königskolonnaden" sind eines der wenigen Kunstdenkmäler in der Stadt aus der Epoche zwischen Rokoko und Frühklassizismus.

35 Zu den von Touristen und Einheimischen am meisten bewunderten Sehenswürdigkeiten in Schöneberg gehört die Perspektive durch die Kleistkolonnaden an der Potsdamer Straße über das weite Rondell des Kleistparks bis zum ehemaligen Kammergericht mit seiner imposanten neubarocken Frontfassade. Das kurz vor dem Ersten Weltkrieg errichtete Gebäude wurde 1945 Sitz des Alliierten Kontrollrats, und 1972 wurde hier das für Berlin bedeutsame Viermächteabkommen unterzeichnet.

36 Das 1906 von Rudolf Mönnich im Prunkstil des österreichischen Barock erbaute Amtsgericht Schöneberg in der Grunewaldstraße mit dem reichhaltigen Zierat seiner Vorderfront und dem phantasievoll gestalteten Treppenhaus ist vielleicht das architektonisch eindrucksvollste Justizgebäude der wilhelminischen Epoche in Berlin.

37 Aus dem vielgestaltigen Häusermeer Schönebergs hinter dem Heinrich-Lassen-Park ragen noch immer die Türme von drei Gotteshäusern aus vergangenen Tagen neben den Hochhäusern und technischen Bauwerken unserer Zeit hervor: im Vordergrund die Apostel-Paulus-Kirche, links daneben der wuchtige Turm der katholischen St. Matthias-Kirche, und zwischen beiden in der Ferne die Luther-Kirche auf dem Dennewitzplatz.

38 Zu den meistbesuchten Grabstätten auf Schönebergs Friedhof der berühmten Gräber, dem Matthäus-Kirchhof, gehören die nebeneinanderstehenden Granitstelen der Familie Grimm: die Grabmäler der Germanisten und „Märchenbrüder" Jacob und Wilhelm sowie der Söhne Wilhelm, Rudolf und Herman. Herman Grimm erwarb sich einen Namen als Kunst- und Literaturhistoriker.

39 Der U-Bahnhof Rathaus Schöneberg im Rudolph-Wilde-Park ist durch seine gelungene Einbettung in die Naturlandschaft und die Ausstattung mit Kunstwerken mehr als nur ein nüchterner Zweckbau. Der Bahnhof „Stadtpark", wie die Station früher hieß, wurde 1910 eröffnet und galt schon bald als eine Sehenswürdigkeit.

40 Die idyllische Siedlung Lindenhof im äußersten Süden Schönebergs besitzt in ihren Grünanlagen ein Unikum: die einzige über ein Gewässer, nämlich einen Weiher, führende Brücke im ganzen Bezirk.

41 Das Wappentier Schönebergs, ein Hirsch, 1912 von August Gaul in Kupfer gestaltet und vergoldet, hat seinen Standort in der Nähe des Rathauses auf dem Gelände des Rudolph-Wilde-Parks.

42 In den letzten Jahren entstanden in Schöneberg und Friedenau Neubauten, die das nüchterne Schema reiner Zweckarchitektur durch phantasievolle Gestaltung zu vermeiden suchten, so etwa dieses Gebäude am Perelsplatz mit einer besonders abwechslungsreich gegliederten Straßenfront.

43 Auch an der Hauptstraße sind zum Glück einige der repräsentativsten Bürgerhäuser mit Schmuckfassaden aus dem vorigen Jahrhundert erhalten geblieben und restauriert worden, so auch diese von Ornamenten und Linien dekorativ eingefaßte Skulptur an der Hauptstraße 134 schräg gegenüber dem Hauptpostamt.

44 Durch seine zahlreichen Antiquitätenläden und Antiquariate hatte Schöneberg schon vor dem Kriege bei Sammlern einen besonderen Ruf. Die vor allem in der Eisenacher, Motz- und Keithstraße gelegenen Geschäfte sind auch in unseren Tagen ein bevorzugtes „Jagdrevier", in dem Freunde alter Bücher, Bilder, Stiche, Gläser, Porzellane und Möbel gern auf Beute ausgehen.

45 In dem früher vor allem von wohlhabenden Rentnern und Beamten bewohnten Friedenau haben sich besonders viele architektonisch reizvolle Bürgerhäuser aus der Zeit des Kaiserreichs erhalten. Das Rathaus mit seinem markanten Turm ist ein Sinnbild des kommunalen Selbstbewußtseins der in den letzten Jahrzehnten vor 1900 entstandenen Gemeinde, die erst 1920 Schöneberg eingegliedert wurde.

46 Eine Plastik von besonderer Dramatik der motivischen Gestaltung ist der Ende des vorigen Jahrhunderts entstandene „Sintflutbrunnen" von Paul Aichele im Birkenhain des Friedenauer Perelsplatzes. Hauptfiguren sind ein ertrinkendes Paar und das Standbild einer Mutter, die ihr gerettetes Kind in den Händen hält.

47 Heute ist es still um den S-Bahnhof Friedenau geworden, der einst das Verkehrszentrum der Gegend war. Doch Anfang 1985 wird er wieder in Betrieb genommen und wenig später steht seine Renovierung ins Haus.

48 Auf dem Schöneberger Industriegelände zwischen der S-Bahn und der Alboinstraße werden nicht nur technische Erzeugnisse hergestellt. Auch die allen Berlinern wohlbekannte Großbäckerei Schlüterbrot hat dort ihren Sitz.

49 Auf dem Grüngelände des Campus der Fachhochschule für Wirtschaft in der Badenschen Straße erholen sich die Studenten gern zwischen den Vorlesungen und Seminaren.

50 Die seit Jahrzehnten vernachlässigten Wohnquartiere beiderseits der Potsdamer Straße sind in den letzten Jahren gründlich saniert und modernisiert worden. So sind neuzeitliche hygieni-

sche Wohnanlagen entstanden, in denen es neben den Althäusern mit stilgerecht restaurierten Fassaden schmucke Neubauten, geruhsame Fußgängerzonen und Grünflächen gibt.

51 Die Nürnberger Straße bildet seit der 1938 erfolgten Korrektur der Bezirksgrenzen, bei der Schöneberg das bis dahin zu Charlottenburg gehörende Gebiet rund um den Wittenbergplatz erhielt, die Trennungslinie zwischen den beiden Bezirken. Das für die Berliner wichtigste Amt in der Nürnberger Straße ist die Behörde des Senators für Finanzen, die in einem langgestreckten Bürogebäude ihren Sitz hat.

52 In der Goltzstraße am Winterfeldtplatz haben sich in den letzten Jahren Jugendlokale, Trödelläden und andere Geschäfte angesiedelt, die sich den Bedürfnissen und dem schmalen Geldbeutel junger Leute anpassen. Nicht immer zur Freude der Anwohner wird in den Kneipen und Cafés der „Goltz" bis in die Nachtstunden lebhaft und laut geplaudert und diskutiert.

53 Die Malzfabrik der seit über einem Jahrhundert in Berlin ansässigen Schultheiss-Brauerei zählt zu den ältesten Betrieben im Schöneberger Industriegebiet.

54 Die „Potse", wie die Potsdamer Straße im Jargon ihrer Bewohner genannt wird, ist eine der abwechslungsreichsten und unterhaltsamsten Berliner Straßen, aber auch ein „Strich" mit allen Problemen, die Spielsalons, Sexlokale, Prostitution und Drogenhandel für Verwaltung und Polizei mit sich bringen.

55 In dem dicht bevölkerten Wohnviertel der „Insel", dem von Bahngleisen umschlossenen Gebiet im Osten Schönebergs, gibt es so manche gemütliche Kneipe, in der man an der Theke geruhsam ein paar Mollen oder seinen Schnaps trinken kann.

56 Geradezu internationalen Ruf hat die Ende des vorigen Jahrhunderts gegründete Bildgießerei Hermann Noack in der Friedenauer Fehlerstraße. Dort wurde die neue Quadriga für das Brandenburger Tor gegossen, und auch berühmte Bildhauer des In- und Auslandes – wie etwa der Engländer Henry Moore – lassen bei Noack ihre Plastiken herstellen.

57 Das heute von Künstlern und Unternehmen verschiedenster Art genutzte Gebäude der 1886 gegründeten Goerzwerke in der Rheinstraße in Friedenau ist wohl das traditionsreichste „Industriedenkmal" des Bezirks. Auf die Weltbedeutung des zu seiner Zeit führenden Betriebes der deutschen Optik weisen die Bronzebüsten von Gauß, Fraunhofer und Daguerre an der Fassade hin.

58 Das Schöneberger Südgelände wird in den nächsten Jahren den Kommunalpolitikern vermutlich noch Kopfzerbrechen bereiten. Wie sich die Erhaltung der Laubenkolonien, die Gestaltung der Frei- und Grünlandschaft und die Projekte der Bahn am günstigsten vereinbaren lassen, darüber wird es noch manche Diskussion geben.

59 Das Zeiss-Planetarium am Fuße des Insulaners ist ein von den zahlreichen Freunden der Astronomie gern aufgesuchtes Studien- und Vortragszentrum. Das an der mächtigen Kuppel präsentierte Abbild des Sternenhimmels zeigt nachdenklichen Betrachtern, wie winzig unsere Erde im Vergleich zu den kosmischen Dimensionen der Gestirne ist.

60 Ein Schrebergarten ist immer noch der Wunschtraum vieler Schöneberger. Die Laubenpieper hoffen, daß ihre Idylle nicht noch weiter durch Stadt- und Verkehrsplaner gestört und verkleinert wird.

61 Der Priesterweg ist von Anfang an die einzige Straße gewesen, die das gesamte Revier der Laubenkolonien des Südgeländes von Norden nach Süden durchquert. Der Name erinnert an die Zeit vor der Jahrhundertwende, als die Schöneberger Pfarrer sich auf diesem Weg zu Fuß nach Lankwitz begaben, um ihre Zweiggemeinde im Süden Berlins zu betreuen.

62 Von Ausländern betriebene Geschäfte und Restaurants findet man jetzt in vielen Straßen Schönebergs, wo heute schon jeder sechste Bewohner aus der Türkei und den anderen Mittelmeerländern kommt.

63 Allen Autofahrern bekannt ist der TÜV, der Technische Überwachungs-Verein Berlin, mit seiner Prüfstelle für den Kraftfahrzeugverkehr in der Alboinstraße. Jedoch das von weither erkennbare Symbol des Schöneberger Industriereviers ist nach wie vor der schwarze Kopf auf dem Werkturm der Haarpflegemittelfabrik Hans Schwarzkopf.

64 Ein alten Schönebergern vertrauter heimatlicher Anblick: Mietskasernen, Bahngleise, der S-Bahnhof Schöneberg, einst ein Verkehrszentrum des Bezirks, und im Hintergrund die Silhouette des Gaswerks – Anlagen, die ihre frühere Bedeutung längst verloren haben.

65 Der S-Bahnhof Priesterweg an der Nordsüdstrecke nach Lichtenrade, ehemals eine von den nicht motorisierten Laubenpiepern vielgenutzte Bahnstation.

66 Eine Stadtlandschaft besonderer Art, nüchtern und stimmungsvoll zugleich, ist das weitausgedehnte, verzweigte Gelände der Autobahnrouten am Schöneberger Kreuz.

67 In den hohen, hellen Räumen des Hauses am Kleistpark, in dem das Kunstamt und das Heimatmuseum Schönberg ihren Sitz haben, werden neben auswärtigen Gästen vor allem auch der künstlerische Nachwuchs und im Bezirk ansässige Künstler durch Ausstellungen ihrer Werke gefördert.

68 Seit 1920 bereits ist das mächtige Gebäude der einstigen staatlichen Kunstschule in der Grunewaldstraße, das heute die Abteilung Kunstpädagogik der Hochschule der Künste beherbergt, ein Domizil der Künste.

69 In Schöneberger Buchhandlungen, so zum Beispiel in der größten Buchhandlung des Bezirks, bei Elwert und Meurer in der Hauptstraße, und in Wolff's Bücherei in Friedenau, finden regelmäßig Lesungen statt, in denen Autoren dem Publikum ihre neuen Werke vorstellen. Rechts im Bild der Senior der Berliner Buchhändler, Kurt Meurer.

70 Das schon seit 1906 bestehende, in der Folgezeit vielfach erweiterte und modernisierte Auguste-Viktoria-Krankenhaus, das sich auf einem umfangreichen Gelände an der Grenze zum Bezirk Steglitz erstreckt, ist die größte Krankenanstalt Schönebergs.

71 Eine der schönsten deutschen Sportstätten mit vielfältigen Aufgaben ist die 1963-67 errichtete Schwimmhalle des Schöneberger Sportzentrums am Sachsendamm. Mit ihrer 50-Meter-Bahn und den Sprunganlagen ist sie zugleich Lehr-, Trainings- und Wettkampfstätte der Schwimmer und Turmspringer. Aber auch allen nicht in Vereinen organisierten Erwachsenen und Jugendlichen steht die Halle offen.

72 Das Kathreinerhaus in der Potsdamer Straße am Rande des Kleistparks, ein 1929-30 von Bruno Paul geschaffener zwölfgeschossiger Stahlskelettbau, gilt heute zusammen mit dem Shell-Haus am Landwehrkanal als beispielhafte Hochhauskonstruktion der Epoche zwischen den beiden Weltkriegen. Heute sind in dem im Auftrag der Malzkaffeefirma Kathreiner ausgeführten Gebäude Dienststellen des Senats und der Polizei untergebracht.

73 Zu allen Jahreszeiten machen die Schöneberger gern einen Spaziergang im Heinrich-Lassen-Park, der bequem erreichbar im Hintergelände der Hauptstraße liegt.

74 Auch im Winter ist der nach dem ersten Schöneberger Oberbürgermeister der Kaiserzeit, Rudolph Wilde, benannte Park neben dem Rathaus ein Erholungs- und Tummelrevier für jung und alt. Die U-Bahn-Station mit dem davorliegenden Teich fügt sich harmonisch in die Parkanlagen ein.

75 Die Schöneberger Sängerknaben, die auch im Rundfunk und Fernsehen Konzerte geben, gehören seit langem zu den beliebtesten deutschen Jugendchören.

76 Die Großgaststätte „Prälat Schöneberg", in der in acht Sälen Bälle und Veranstaltungen mit bis zu 2000 Teilnehmern abgehalten werden können, liegt auf einem Schöneberger Heimatforschern wohlbekannten Terrain. Auf dem Grundstück an der Hauptstraße befanden sich schon im Mittelalter ein Freigut mit Braugerechtigkeit und der Dorfkrug des über 700 Jahre alten Schöneberg.

77 Das „Metropol" am Nollendorfplatz, 1906 als Theater mit dem stadtbekannten Mozartsaal eröffnet, hat eine wechselvolle Vergangenheit als Schauspielbühne, Kino und gastronomisches Unternehmen hinter sich. Seit 1978 befindet sich in dem vielfältig nutzbaren Gebäude die größte deutsche Diskothek, in der oft lebhaft diskutierte und umstrittene Konzerte lautstarker moderner Musik stattfinden.

78 Der U-Bahnhof Wittenbergplatz, erbaut 1911-13 von Alfred
79 Grenander, gilt als Vorbild für künstlerisch bewußte Verkehrsarchitektur. Die Anfang der achtziger Jahre vorgenommene Neugestaltung im inneren und äußeren Bereich hat diesen Anspruch weiter voll unterstrichen. Besonders eindrucksvoll präsentiert sich das Gebäude nach seiner Restaurierung dem Betrachter an den Eingangsfronten, die bei aller Verwendung des ursprünglichen Fassadenzierats dem Stilempfinden unserer Zeit angepaßt wurden.

80 Im Kaufhaus des Westens, das schon 1907 seine Pforten öffnete und seitdem immer wieder erneuert und erweitert wurde, werden dem Kunden rund eine Viertelmillion verschiedene Artikel angeboten. Wegen ihrer reichhaltigen Auswahl sind vor allem die Sportartikelabteilung und die Lebensmitteletage berühmt.

81 Die letzte Straßenbahn in West-Berlin verkehrt in Schöneberg, und zwar auf den Gleisen der stillgelegten Hochbahn zwischen dem Flohmarkt in der Station Nollendorfplatz und dem Türkischen Basar in der Station Bülowstraße.

82 Wer in Berlin die Reize des Orients genießen will, kann dies im Türkischen Basar, der sich in der Halle des nicht mehr benutzten Hochbahnhofs Bülowstraße aufgetan hat. Man kann dort die Erzeugnisse türkischen Kunsthandwerks erwerben, Nationalgerichte und leckeres Gebäck vom Bosporus probieren und in einem türkischen Restaurant orientalische Folklore und Musik hören.

83 Auf dem Flohmarkt im derzeit stillgelegten Hochbahnhof Nollendorfplatz werden Waren, Kunst und Kunsthandwerk für alle Geschmäcker und Ansprüche angeboten, von billigem Trödel und getragenen Klamotten bis zu hochwertigem Porzellan – manchmal wirklich ein „Gelegenheitskauf".

84 Das RIAS-Gebäude in der Kufsteiner Straße beherbergt eine Institution, die in beiden Teilen Deutschlands sehr bekannt ist: den „Rundfunk im amerikanischen Sektor" – eine vor allem in der DDR und beiden Teilen Berlins beliebte und vielgehörte „freie Stimme der freien Welt". Bereits 1946 begann der RIAS, von Schöneberg aus seine Sendungen auszustrahlen.